PARIS

IMPRIMERIE DE L. TINTERLIN ET Cᵉ,

RUE NEUVE-DES-BONS-ENFANTS, 3.

LETTRE SUR L'HISTOIRE

DE LA

MONARCHIE DE JUILLET

A

M. LE DUC D'AUMALE

PARIS

E. DENTU, LIBRAIRE-EDITEUR

PALAIS-ROYAL, 13 ET 17, GALERIE D'ORLÉANS

—

1861

LETTRE SUR L'HISTOIRE

DE

LA MONARCHIE DE JUILLET

I

Monseigneur,

Un des besoins les plus apparents que trahit la plume princière qui vient de tracer une précieuse lettre sur 'histoire de France, c'est incontestablement celui d'une grande publicité, et je crois servir les vœux intimes de Votre Altesse, en me permettant une réplique à de si hautes assertions.

Je me sers du mot assertions avec quelque dessein prémédité, parce que tout ce que contient cette mémorable épître est dit avec une force d'assurance qui ne peut admettre une autre expression pour les qualifier. Nous examinerons si elle est réellement applicable.

Je vais donc moins m'adresser au Prince qu'à l'historien. Comme tout appartient à l'histoire, l'histoire appartient à tous, à la condition loyale, toutefois, de n'en point faire une source d'erreurs et d'exagérations. Je suis convaincu, Monseigneur, que vous ne serez pas d'un avis contraire.

Votre interlocuteur se posera donc aussi en manière d'historien, après en avoir demandé humblement pardon à Tacite et à M. Thiers, formalité que la hauteur de votre rang a sans doute dispensé Votre Altesse de remplir.

Je prends donc la liberté d'ajouter à votre enseignement quelques mots sur votre histoire de France. Pourquoi n'aurais-je pas aussi la mienne? Je ne serai pas le dernier à faire des histoires.

Je me hasarderai d'abord à trouver au moins étrange qu'un Prince aussi bien élevé que passaient pour l'être les fils du roi Louis-Philippe, vienne, dès le début, l'insulte à la plume, exhumer dans des termes où ne perce pas une véritable urbanité princière, les souvenirs d'une captivité causée par un courage dont plus d'un autre n'a pas osé suivre l'exemple. S'il est mal de reprocher des bienfaits, il n'est pas bien non plus de rappeler des rigueurs. Mais, en vérité, j'aurais tort de me formaliser à propos de ce souvenir rétrospectif de Ham, auquel la France doit peut-être la plus grande part de son bonheur et de sa gloire d'aujourd'hui. Si des fils de roi, que nous ne nommons pas, avaient, à un moment donné, eu l'énergie d'affronter de semblables épreuves, qui sait s'ils en seraient réduits aujourd'hui à écrire, sous les ombrages d'un parc anglais, des essais sur l'histoire de France, avec de l'encre britannique?

Vous dites vrai, Monseigneur, en déclarant qu'exilé de votre pays sans avoir mérité votre sort par aucune faute, — il s'en était commis assez sans vous, — vous n'étiez connu de la France que pour avoir été élevé sous son drapeau, dont vous avez été violemment séparé. — Mais, d'abord, prenez-vous en aux auteurs de cette violente séparation, et n'invoquez pas le droit toujours sacré de défendre sa famille attaquée, en vous attaquant vous-même à d'autres qu'à ceux qui l'ont fait descendre d'un trône mal défendu. Vous n'adressez pas un mot de reproche à la démocratie de 1848. Les Ledru-Rollin, les Louis Blanc, les Flocon, les Albert trouvent grâce devant vous, et vous ne réservez vos foudres historiques qu'à ceux qui, modérateurs dans ces jours de saturnales politiques, ont rétabli l'équilibre et rendu aux institutions leur ressort et leur exercice.

Vous ne ménagez pas les termes et vous poussez les insinuations à outrance; quand vous attaquez, Monseigneur, vous en prenez largement, à votre aise, comme un homme qui parle de loin; quand vous vous défendez, quand vous cherchez à tourner au profit de votre cause des griefs qu'a consacrés l'histoire, vous êtes pour votre maison d'une indulgence et d'une partialité dont vous êtes loin de faire preuve à l'égard d'autrui. L'histoire, puisque nous sommes sur ce terrain, n'est pas chose facile à faire, mais elle est encore plus difficile à défaire. C'est le registre des temps, et ce qui s'y trouve inscrit est à l'abri de la pierre-ponce et du grattoir. Il s'y trouve des pages pour les d'Or-léans comme pour les Napoléons. Les unes ainsi que les autres resteront pour être examinées à leur véritable jour. Ne vous offensez pas du rapprochement, Monseigneur, vous qui, en quelques mots despectueux et contempteurs, faites si bon marché de cette soi-disant dynastie où, prétendez-vous, « il n'y a plus de Bonaparte, il n'y a que des Napo-léons. » Que Votre Altesse se détrompe, il y a toujours un Bonaparte dans chaque Napoléon, et presque toujours un Napoléon dans chaque Bonaparte.

II

Les d'Orléans, Prince, n'offrent pas dans leur histoire des comparaisons où l'avantage pourrait leur être victo-rieusement discuté? Les d'Orléans sont-ils bien venus à faire des reproches qu'il est si facile de leur rétorquer, à produire des récriminations hautaines qu'on pourrait avec si peu d'efforts retourner à leur adresse? Ne remontons pas trop haut dans l'histoire. Mais, depuis moins d'un siècle, Monseigneur, cette branche cadette des Bourbons n'a-t-elle pas, par plus d'une énormité, prêté le flanc à la juste critique dont ses descendants paraissent seuls se croire le droit de faire usage? Vous êtes revenu mal à propos sur le compte de cet aïeul de sinistre mémoire, pour pallier sa vie et apitoyer sur sa mort méritée. Vous avez presque présenté comme une simple faiblesse l'acte régicide qui pèse sur son souvenir. C'est d'un bon fils, mais d'un mauvais historien; il est beau d'avoir l'amour de sa maison, mais il faut aussi avoir celui de la vérité. Il eût mieux valu laisser retomber le voile sur ce lugubre portrait de famille.

Le Roi, votre père, Monseigneur, alors duc de Chartres, ne suivit-il pas les errements paternels, quand il disait à la Convention, qui tenait devant elle le royal patient : « *Ne l'écoutez pas, Citoyens, il nierait tout.* » Ces paroles n'étaient-elles pas un prélude aux événements qui mirent, trente-sept ans plus tard, la couronne des successeurs de Louis XVI sur le front de Louis-Philippe, duc d'Orléans?

Votre Altesse s'est exposée, permettez-moi de le lui faire respectueusement observer, à ces évocations douloureuses, par la forme provocatrice de son style et par l'acerbe interprétation de faits.qu'il n'était ni juste ni à propos de mettre en cause. Elle n'a respecté ni les hommes ni les choses, elle s'est plu à flagéller à tort et à travers, sans réfléchir à la conséquence forcée que devait entraîner ces paroles. Cette conséquence était inévitable; vous ouvriez, Monseigneur, un vaste champ aux récriminations ; elles ne pouvaient être que dures et sévères, tout en ne sortant pas, comme le veut la loyauté, des vérités de l'histoire. Vous avez dispensé vos contradicteurs de ménagements et de compositions; vous avez été virulent à l'excès, votre ironie colère et blessante visait trop à l'humiliation pour qu'il fût permis de demeurer dans toutes les réserves d'une discussion mesurée en présence d'allégations dépourvues de toute mesure et de toute convenance.

Vous avez mis le pied sur un terrain dangereux, nous vous y suivrons.

Nous ne parlerons plus de cette ère terrible où la France, à l'instar de l'Angleterre, fut épouvantée, avec le monde entier, par les plus effroyables attentats. Cette période sanguinaire a bien assez d'un épisode et nous regrettons que ce soit un prince de votre race qui nous en ait fourni le sujet.

Nous ne parlerons pas davantage des héroïques épopées de la République et nous nous abstiendrons à cette place de faire l'apologie de cette grande phase napoléonienne qui plaça, malgré toutes les dénégations jalouses et intéressées, cette patrie qui vous est si chère, au pinacle de la gloire et de la force.

Nous passerons, si Votre Altesse le permet, à cette époque où votre famille revint de l'exil, sur le sol de cette France, dont le chef de votre maison devait un jour, par sa haute habileté, devenir le souverain et fournir dix-huit années de règne.

Les ducs d'Orléans, jusque-là Altesses sérénissimes, furent élevés au titre d'Altesses Royales par la branche aînée des Bourbons régnant encore, mais devant bientôt, en échange de l'élévation qu'elle donnait à votre maison, tomber d'un trône dont elle vous avait rapprochés. Une fois sur les marches de ce trône, il devenait plus facile d'y monter. Le chef de votre maison, en bon père de famille, songea, dit la chronique d'alors, à l'avenir de ses enfants et chercha à réaliser ce précepte qu'on ne saurait jamais trop accroître leur patrimoine. Les salons de ce Palais-Royal, que vous reprochez à son nouvel hôte avec un dépit peu déguisé, souffrez qu'on le remarque, s'emplissaient de certains partisans qui, plus tard, ajoutant la main-d'œuvre au conseil, perpétraient l'avénement à la monarchie au plus proche parent du vieillard qui partait pour l'exil où il devait mourir. *Talis pater, talis filius*, murmura-t-on alors. Mais je m'aperçois que malgré moi je reviens à 93.

« Mais, pouvez-vous me répondre, Monseigneur, c'est

« porté sur le trône que mon père s'y est assis. Lieute-

« nant général du Royaume, tel fut le titre que prit son

« initiative et c'est le vœu général qui convertit cette

« qualité de transition en celle de souverain définitif. »

Qu'entend Votre Altesse, s'il vous plaît, par ce mot élastique de vœu général, est-ce le vote des 221 qui représentait par hasard les vœux et la volonté de la France ? 221 sur trente-quatre millions d'individus ! Voilà une majorité respectable, si on la compare au suffrage universel donnant des millions de voix à cet élu providentiel qui, lui, ne monta pas au pouvoir par l'escalier dérobé, et peut se dire à la face du ciel et des hommes, Souverain par la grâce de Dieu et la volonté nationale.

N'importe, voilà Louis-Philippe sur le trône, laissons-l'y jusqu'à ce qu'il en tombe à son tour, sans nous abstenir toutefois d'examiner de quelle manière il s'y maintient.

On ne peut le nier, Monseigneur, votre père fut élu roi par une poignée de députés factieux, et cette élection fut approuvée par ce quasi-mutisme populaire qui est l'expression du *Qui ne dit mot, consent.* Quoi qu'il en fût, il était roi ; mais la royauté qu'il inaugurait était sans base et sans changement durable. Aux nouvelles royautés, Monseigneur, qui ont la prétention de fonder des lignées royales, il faut bien des choses ; il faut d'abord s'identifier avec son époque et les sociétés de son temps ; il faut que ces nouvelles races royales, pour continuer et devenir dynastiques, se confondent avec ces sociétés et naissent des mêmes principes et des mêmes révolutions ; puis il faut qu'elles s'associent à ses gloires et aux phases héroïques des nations qu'elles entendent gouverner, et enfin qu'elles aient en elles ce génie créateur de tous les modes qui peuvent civiliser et régir ces sociétés pendant toute la durée que la Providence accorde à chaque période sociale. Les Capétiens, par exemple, ont eu pour pavois les boucliers des grands fondateurs dont ils étaient les pairs. Leurs noms et leurs actes furent associés aux gloires épiques des croisades et des grandes guerres de leur temps. Leur dynastie a été pour ainsi dire fondée par leur assimilation aux grandeurs de la nation. Ils se sont confondus en elle, et cet état de choses s'est continué jusqu'en 1789. Mais comme tout a une fin, la grande parabole parcourue depuis Hugues-Capet, après avoir eu son apogée sous Louis XIV, déclina et s'engloutit complétement, deux règnes plus tard, sous d'augustes et déplorables malheurs !

La vérité a quelquefois besoin de revêtir une forme triviale dans ses énonciations, Monseigneur : *faire du neuf avec du vieux* est chose difficile. Après la Restauration, votre père tenta vainement de constituer un gouvernement en harmonie avec les idées des sociétés modernes. Il lui manquait tous les éléments que nous avons indiqués pour cela. Son pavois ne fut pas les boucliers des grands feudataires ; il ne fut pas davantage les millions de voix de la nation française ; il se fonda sur le pavé des rues de Paris que soulevaient les mains calleuses des ouvriers lancés à l'émeute pour toute autre chose que l'élévation de votre race qui n'avait pas à mettre en relief de ces épopées glorieuses qui enivrent les jeunes générations. Elle n'apportait pas dans le temple de la Justice de ces tables de la loi qui donnent aux peuples de nouvelles garanties et de solides sauvegardes. Comme l'a dit un homme d'État, *la royauté de votre père s'est couchée dans le lit de l'Empire.*

On se demande qu'a produit, qu'a laissé la monarchie de Juillet ? Dès souvenirs où l'orgueil national, — qui pourra le nier ? — s'est vu considérablement abaissé, par suite de ce système humiliant de concessions qui rendait la France tributaire et moralement vassale des nations dont elle devait toujours marcher l'égale, sinon la maîtresse. Nous avions l'alliance de l'Angleterre, direz-vous, comme vous l'avez aujourd'hui ; avec cette différence, répondrons-nous, que le gouvernement de Juillet marchait toujours après elle et que le gouvernement impérial marche à côté d'elle. Non, votre royauté orléaniste ne pouvait durer, parce qu'elle péchait par la base, parce qu'elle avait son pied d'argile dans son peu de raison d'être et dans son défaut de popularité. Jamais cette royauté, qui ne pouvait être que transitoire, ne s'était pour ainsi dire incarnée à la nation. Elle s'était imposée, avec l'aide des circonstances, dans un état de chômage politique où on eût presque accepté le premier venu. Les révolutions ont toujours leurs moments de stupeur, et les peuples, comme les individus que viennent d'ébranler une grande secousse, s'influencent facilement et se laissent faire. Telle a été la première condition de l'avénement au trône de la famille d'Orléans, avénement préparé de longue main par de sourdes menées. Elle a trouvé les portes des palais des rois mal gardées, elle y est entrée; elle a trouvé le palais vide, elle s'y est installée; elle a trouvé le trône vacant, elle s'y est assise. Le pouvait-elle? le devait-elle? Oh ! nous ne nierons pas qu'il a fallu déployer beaucoup d'habileté pour rendre viable cette nouvelle royauté. Il a fallu surtout trouver dans certains esprits une grande dose de corruption venant en aide à cette improvisation hardie qui portait dans son sein tous les germes d'une consomption prématurée, et qui pourtant a duré un assez grand nombre d'années, jusqu'au jour où le chef de cette royauté, par un retour des choses d'ici-bas, fut forcé de prendre furtivement, dans un de ces véhicules vulgaires qui, dix-huit ans auparavant, l'avait conduit aux Tuileries, la route de l'exil que l'auguste chef de sa maison avait au moins parcourue avec toute la majesté d'un roi.

La dynastie napoléonienne, c'est autre chose; elle représente la société moderne. La France du dix-neuvième siècle s'associe aux Napoléons dans les victoires d'Égypte, d'Italie, d'Allemagne, d'Orient, du monde entier. Toute la grande organisation gouvernementale qui régit la France ne provient-elle pas de l'auteur de cette dynastie napoléonienne. Notre société vivante n'a-t-elle pas eu réellement en lui son Charlemagne? Épée et génie, tout se ressemble dans les deux empereurs. Victoires splendides, institutions immenses, les capitulaires et le Code Napoléon! Le Charlemagne moderne a été plus que l'autre le maître du monde et comme lui a été le législateur de la France.

Si l'habitant de nos campagnes avait dans sa cabane le portrait du héros et les images de ses conquêtes, le magistrat avait dans le temple de la justice ces tables de la loi auxquelles nous faisions plus haut allusion et que le grand homme a baptisées de son nom glorieux. Vous nous permettrez, Monseigneur, de trouver plus logique que le sentiment populaire appartienne au nom de Napoléon qu'à celui de tout autre souverain. Le cœur de tout Français s'exalte au souvenir des Pyramides, d'Arcole, d'Austerlitz et de tant d'autres triomphes; il n'y a pas un enfant qui ne compte dans sa famille un de ces soldats dont le grand capitaine a fait des héros. Ce nom, dont un orgueil de race voudrait faire si bon marché au profit de ses prétentions, est donc passé dans le sang de la nation. Aussi après l'ouragan de 1848, lorsque chacun de nous cherchait un pilote, nous n'avons pas été le prendre dans les pavés d'une émeute ; mais l'épée, la bêche et le métier se sont réunis en faisceau pour faire à un Napoléon, Monseigneur, le plus glorieux et le plus solide des pavois.

III.

Mais quittons, Monseigneur, des considérations générales, et puisque, nous aussi, nous écrivons une lettre sur l'histoire de France, passons aux faits qui ont donné leur signification particulière au gouvernement de Juillet.

Ce gouvernement comprit tout d'abord qu'il ne trouverait de refuge, de ressources réelles, que dans l'évocation de ces souvenirs impériaux dont Votre Altesse faisait si peu de cas ces jours derniers. De grands noms sortis de l'empire, militaires, administratifs, judiciaires, furent environnés de coquettes séductions. Voyez pourtant ce que c'est que la force de la vérité. On colora la continuation cadette du régime écroulé d'un certain vernis napoléonien qu'on savait être du goût de la nation.

Le premier soin du roi votre père fut — quelle noble humilité et quel détachement des vanités humaines! — de gratter son écusson et d'en effacer les séculaires et symboliques fleurs-de-lys, ces armes uniques et immaculées des vieux Bourbons. Nous conviendrons que notre empereur, élu par la nation en masse, n'a pas imité la vertu et le courage de votre père, et que son premier soin, à lui, a été de replacer sur tous les écussons visibles par la nation, l'aigle, cet emblême de la gloire française qui compose aussi à lui seul les armes de la dynastie impériale.

Les premiers temps de la royauté de Juillet ne furent pas sans être rudement agités. Tous les hommes ont déploré et condamné les tentatives coupables auxquelles la démagogie se livra et les émeutes sanglantes qui jetèrent la consternation à Paris et à Lyon. Mais quoique ces signes de protestations violentes fussent réprouvés par la conscience publique, ils n'en accusaient pas moins les inspirations hostiles que jetait dans les classes inférieures cette monarchie nouvelle que l'on ne pouvait admettre, que repoussait l'esprit public qui ne trouvait rien en elle qui pût dans son passé légitimer son présent. Rien de semblable ne s'est produit depuis que le suffrage universel a placé sur le trône un membre de la famille napoléonienne. C'est que la sympathie populaire, qui ne se commande pas, mais qui se donne, prenait pour lui naissance dans l'adhésion de la nation consultée, c'est que cette sympathie s'est accrue des grands actes et des faits glorieux qui ont signalé ce règne dont la période accomplie déjà, a fourni d'assez grandes garanties pour en faire présager l'imposant et solide avenir.

Une princesse royale, votre parente et la mère du chef de votre race, poussée par le plus sacré des sentiments, l'amour maternel, cet amour qui donne tous les courages, vient héroïquement braver les fatigues et affronter les périls pour tenter de placer son fils sur le trône héréditaire dont un membre de sa famille, votre père, s'était emparé. La femme courageuse, la mère dévouée, la parente dépouillée, poursuivie à outrance, traquée, cernée et trahie, cachée dans une maison hospitalière, est obligée pour ne pas être impitoyablement brûlée comme par des chauffeurs, de sortir de l'âtre qui lui sert de refuge. Personne n'a oublié l'historique cheminée de Kersabiec et cette princesse malheureuse, qui s'était placée en dehors de la loi, nous vous l'accordons ; mais qu'avez-vous fait alors ? Cette princesse, qui vous prime tous par le rang, dont l'apanage royal est à vous et vous profite, vous ne la fusillez pas, il est vrai ; car, comme vous le proclamez bien haut et avec une ironie d'allusion qui ne trouve pas d'écho, vous avez la générosité de ne pas fusiller ; mais vous la tuez moralement, vous l'emprisonnez dans une forteresse et vous faites coïncider avec un cruel raffinement, la durée de sa captivité avec la preuve d'un acte qui devait lui enlever son prestige dans l'opinion publique. La conduite de la princesse est maintenant tombée dans l'oubli et presque effacée par le temps, votre procédé envers elle s'est maintenu dans tous les souvenirs jeune et vivace comme s'il datait d'hier.

Vous parlez souvent et beaucoup de votre exil et de celui de votre famille dans votre lettre sur l'histoire de France ; mais que votre Altesse veuille bien comparer les douceurs de cet exil avec l'accueil qu'ont trouvé dans d'autres pays qu'en Angleterre, où l'hospitalité s'exerce comme nulle part ailleurs peut-être, des princes plus malheureux que vous; vous surtout, Monseigneur, qui jouissez plus que vos aînés d'un exil doré, vous à qui est advenu sous votre père, qui s'entendait en matière d'intérêts, l'immense patrimoine de cette illustre maison de Condé, dont le dernier représentant eut la mort imprévue que l'on sait. Je ne veux pour exemple de ce que je viens de dire que ce qui se passa dans notre belle France sous le roi Louis-Philippe, à l'occasion de l'Infant Don Carlos, qui trouva pour hospitalité, la prison dans une ville : Tout le monde se rappelle l'évasion de Bourges.

Parlerons-nous d'Abd-el-Kader? Celui-là n'était pas un prince exilé, fugitif; c'était un noble prisonnier de guerre, un cœur héroïque, dont la gloire vient de revêtir aujourd'hui une forme nouvelle et splendide. Votre Altesse elle-même l'avait envoyé en France avec la parole qu'il y serait libre. Ce fut par la prison d'Amboise que fut confirmée votre promesse de prince !

Enfin, vos amis ont au moins la consolation d'aller vous voir en Angleterre, sans retrouver, à leur retour en France, un gouvernement qui les flétrisse.

Abordant un autre ordre d'idées, car la multiplicité des imputations que vous accumulez dans votre mémorable lettre, toujours sur l'histoire de France, nous force nous-même à une grande variété de sujets et à des enjambements ou à des retours sur les faits qui y sont groupés d'une façon peu méthodique. — Abordant un autre ordre d'idées, disons-nous, et touchant aussi à cette brûlante question religieuse qui tient aujourd'hui toutes les passions en éveil et tous les esprits en suspens, nous vous demanderons si, par hasard, le gouvernement de Juillet serait bien venu à se donner des airs d'orthodoxie. Si les idées voltairiennes eurent jamais cours en France et y trouvèrent plus d'encouragements partis de haut, ne fut-ce pas sous le règne de votre père, l'un des plus grands voltairiens de son temps. Les d'Orléans, défenseurs du chef de la chrétienté ! Mais leur auteur se souciait bien du Pape et des dangers que son pouvoir temporel ou spirituel pouvait courir ? Il avait autre chose à faire que de la piété, et ses scrupules n'étaient pas grands en matière religieuse. En voulez-vous une preuve, une seule, mais péremptoire et suffisante, Monseigneur, dans un des actes solennels de son règne et de sa vie de famille ? A qui maria-t-il son fils, l'héritier présomptif de son trône, votre infortuné frère le duc d'Orléans ? A une protestante, femme vertueuse et accomplie, hâtons-nous de le dire, et cet éloge posthume ne nous coûte pas ; mais, enfin, à une protestante, à une hérétique, au point de vue catholique, devant porter dans ses entrailles un futur roi des Français, un futur fils aîné de l'Église !

Quant à l'empereur Napoléon, justifiant ce titre de fils aîné de l'Église, qu'a-t-il fait ? Il a sauvé le Saint-Siége menacé ; il l'a sauvé par les armes ; c'est encore par les armes qu'il le protége et tient ses ennemis en respect. C'est lui qui, dans ce moment d'extrême agitation morale, impose son *quos ego !* aux fermentations qui bouillonnent autour du Vatican. Les d'Orléans laissaient faire ; les Napoléons agissent ou contiennent.

Qui pourra nier que, sans l'Empereur, c'en serait fait depuis longtemps de la Papauté ? Qu'importe d'injustes déclamations ; les faits sont là, debout, éloquents et irrécusables. Les faits, c'est là l'histoire, les commentaires n'ent sont que la broderie.

Que reproche-t-on encore à ce régime napoléonien, mis en cause à propos du discours remarquable d'un Prince de sa famille, qui, du premier coup, se posa aussi en prince de l'éloquence ? Nous ne serons pas longtemps à chercher dans votre factum, Monseigneur, car les griefs

se présentent en foule. Les dépenses excessives, scanda-
leuses, dont Paris est en ce moment la cause et l'objet? Ce
reproche n'est-il pas singulier sous la plume des fils de ce
monarque qu'une dénomination populaire appelait le *Roi
des maçons*.

Un des plus beaux titres à la gratitude du pays et à
son admiration, n'est-ce pas cette transformation presque
magique de la première capitale du monde? Le Louvre
enfin achevé, ces grandes artères qu'inonde aujourd'hui
la lumière, au lieu de ces coupe-gorges immondes où
l'ombre continue entretenait le crime et l'insalubrité!
Ces magnifiques ponts jetés majestueusement et coquet-
tement sur le fleuve, ces églises bâties et restaurées,
ces squares délicieux, ces halles splendides, louvre populaire, ces admirables promenades des bois de Boulogne
et de Vincennes, ces phares répandus partout, ne sont-ils
pas autant de bienfaits immenses qui légitiment des dépenses, considérables sans doute, mais qui, une fois faites,
valent à leur auteur la reconnaissance publique des temps
présents et futurs ? Le roi Louis-Philippe nous a laissé la
rue de Rambuteau, qui rappelle un pénible procès, mais
on sera toujours plus fier, ne vous en déplaise, de devoir la
rue de Rivoli, le boulevard de Sébastopol et les rues Cen-
trale et Impériale de Lyon, à l'Empereur Napoléon III.

IV.

Rien n'est plus agressif que votre style, Monseigneur malheureusement l'expression n'est pas toujours à la hauteur de votre dépit. Vous tombez facilement dans ce que nous appellerons la contre-urbanité, pour composer un mot aussi poli que possible. Vous perdez la mesure et l'on s'aperçoit que la colère vous aveugle. Vos allusions sur les parvenus ne sont pas de ce siècle, et d'ailleurs, vous oubliez étrangement, en répondant si hautainement au prince qui ne vous parlait pas, à vous, que le sang qui coule dans ses veines est aussi royal que le vôtre, qu'il fut fils de roi comme vous, — mais de cette royauté vous faites peu de cas — que sa mère était princesse royale de Wurtemberg, que ses titres de haute noblesse se sont encore accrus d'une alliance dont vous ne contesterez pas la royale et vieille origine. Pourquoi cette superbe mal placée ; pourquoi ces grands airs avec votre égal, Monseigneur?

Oh ! quand il s'agit de Votre Altesse, vous êtes bien plus

indulgent, surtout quand vous parlez de votre mérite militaire en cherchant à infirmer celui des autres. Vos infirmations malveillantes pour autrui se transforment pour vous-mêmes en apologies que devrait interdire la plus simple des modesties. Monseigneur, nous voulons bien nous rappeler que vous avez servi en Afrique, sous d'illustres capitaines, que vous y avez rempli votre devoir ; mais veuillez nous faire part de quelques hauts faits dont se puisse parer la carrière militaire d'un fils de roi? L'histoire se tait à ce sujet ; faites-la donc parler. Elle nous dit en revanche, quoique vous attribuiez cette inaction à une vertu civique, que vous étiez l'un des quatre fils de ce roi, renversé de son trône, tous quatre portant l'épée et la laissant dans le fourreau, sans songer à défendre au prix de votre sang, la couronne arrachée du front de votre père, Oh! n'alléguez pas ici l'amour de la patrie et de l'humanité, tout le monde eût approuvé votre courage filial, le pays eût secondé de ses vœux et de son concours des enfants énergiques se faisant tuer, s'il l'eût fallu, pour l'auteur de leurs jours.

Qu'avez-vous fait, vous tous princes d'Orléans, depuis le jour qui vous frappa d'exil? A quelles causes vous êtes-vous dévoués? Avez-vous été à Gaëte vous renfermer dans la citadelle avec votre courageux parent et son énergique compagne? Quelles grandes entreprises avez-vous tentées? En quoi avez-vous essayé de servir l'humanité?

Vous avez joui de ce qu'on peut appeler les délices de l'exil qui donnait à votre jeunesse encore dans sa force le *far niente* et la satisfaction du repos.

Maintenant, pourquoi vous livrer à cette malencontreuse comparaison entre l'état de la France sous la dynastie de de Juillet et l'état de la France sous le gouvernement napoléonien ? Est-ce donc pour vous faire dire que jamais la France ne fut plus abaissée que sous le règne de votre père ? Sous ce règne, qui ne se soutenait en bonne harmonie avec les autres puissances qu'à force de concessions et de sacrifices d'honneur et de dignité nationale, qu'était la France ? Une nation tributaire et dépendante, sans initiative et sans influence. Vous parlez de l'alliance anglaise. Mais qu'en retiriez-vous de cette alliance équivoque et plâtrée ? Une source continuelle de soumissions ou de condescendances de votre part. Une représentation de l'Angleterre équivalait à l'intimation d'un ordre. Jamais votre père n'eût osé faire un pas que l'Angleterre ne lui eût désigné où il lui était permis d'en laisser l'empreinte. Est-ce aujourd'hui qu'on peut reprocher au gouvernement français un tel oubli de sa dignité, un tel abandon de ses droits. Ne marche-t-il pas libre et fier, s'entendant s'il le faut, résistant s'il le doit, usant à son tour du droit de représentation, et faisant comprendre à l'Angleterre comme aux autres nations du monde qu'il faut toujours compter avec lui.

Sous le règne de votre père, vit-on jamais un ambassadeur de Russie aux Tuileries? Cette puissance ne reconnaissait pas la monarchie de Juillet. Où en est la France d'aujourd'hui avec elle? Après lui avoir demandé compte de 1812 dans les champs de Crimée, après en avoir tiré une glorieuse et éclatante revanche, elle partage avec cet empire la haute suprématie des choses européennes. Un frère du Czar a été l'hôte de la France. La Russie est aujourd'hui notre alliée, et au besoin elle unirait ses armes aux nôtres. Qu'aviez-vous de semblable dans votre temps? La France végétait sous votre régime cauteleux et craintif, elle vit aujourd'hui sous le gouvernement impérial, vigoureux et sans peur.

Qu'est-il sorti de mémorable, de glorieux, de cette période de dix-huit années où le souverain, tout entier à ses affaires de famille, ne s'embarrassait ni de la gloire du pays, ni des destinées futures de cette France qu'il comptait léguer à ses fils pour la gérer comme un héritage et non la gouverner comme un puissant royaume. Vous avez guerroyé en Afrique, bravement, courageusement; notre armée n'est-elle pas toujours la même; mais c'était dans un but conservateur, louable sans doute, puisqu'il maintenait la France dans la possession d'une importante colonie conquise par ses armes, puisqu'il entretenait cette école guerrière où se formaient nos soldats et d'où sont sortis nos plus illustres capitaines,

Mais qu'avez-vous tenté de neuf, de grand, de généreux? Quelle part avez-vous prise à des événements extérieurs d'où la France pouvait retirer un surcroît de gloire? Est-ce le roi Louis-Philippe, aveugle adorateur de la paix à tout prix, qui eût songé à porter les armes françaises en Orient, en Italie, en Chine, en Syrie? Non, sans doute, répondrez-vous, sa haute sagesse, son inaltérable prudence n'eût pas engagé la France dans de semblables luttes dont le résultat pouvait compromettre son présent et son avenir. Avec ce système d'égoïsme et de négation, Monseigneur, avec ce parti pris de n'intervenir jamais dans les questions sociales ou d'humanité, les rois font dégénérer leurs royaumes et s'éteindre dans le cœur des masses toutes les traditions de gloire et de grandeur. Vos prédécesseurs eux - mêmes , qu'on ne taxera pas de princes belliqueux, n'ont-ils pas senti que lorsqu'on régnait sur la France il y avait une première mission à remplir, celle de sauvegarder l'honneur de la nation et de porter haut sa glorieuse épée. Les Bourbons de la branche aînée ont envoyé trois armées de terre et de mer, l'une au secours de l'Espagne, l'autre en Morée et la troisième en Afrique. La France est une puissance éminemment guerrière, et c'est méconnaître son essence, c'est faillir à son instinct martial, que de la forcer à l'inaction quand même, que de la laisser passive et l'arme au bras, quand son honneur l'appelle à prouver qu'elle est toujours la France de Charlemagne, de Philippe-Auguste et de Napoléon.

Un des témoignages les plus significatifs du haut point d'estime où l'empereur Napoléon III a placé la France, c'est le concours des têtes couronnées qui, depuis le commencement de son règne ont afflué aux Tuileries. Avez-vous vu rien de semblable dans votre jeunesse, Monseigneur? ces visites royales et princières, parmi lesquelles nous compterons celle du roi, votre beau-frère, et de Monseigneur le duc de Brabant, votre neveu, ces visites étaient-elles fréquentes à l'époque où Louis-Philippe occupait le palais des rois? La reine d'Angleterre à Paris, rendant visite officielle au neveu et au successeur de l'empereur Napoléon Ier! N'est-ce pas là un de ces faits dont l'histoire offre peu d'exemples? L'Europe étonnée en a pourtant été témoin. Elle est venue à Eu, me répondra Votre Altesse; oui, mais non pas en souveraine; en promenade sur mer, comme on va voir un voisin. Les rois de Portugal, de Wurtemberg, des Belges, la reine de Hollande, le grand-duc Constantin, le prince royal de Prusse, le duc de Saxe-Gotha, la grande-duchesse Marie de Russie, ont été tour à tour les hôtes augustes de Leurs Majestés Impériales. Votre Altesse traitera peut-être notre remarque de puérilité; libre à elle; d'autres y ont vu, comme nous, une grande et haute signification politique, où le côté courtois ne tient qu'une ligne fort secondaire.

Quoi que pourra alléguer la maison d'Orléans, il est une phrase inexorable qui s'est stéréotypée pour elle dans l'esprit des nations et que vous n'effacerez jamais : « Vous ne représentez pas le passé, et vous n'êtes pas l'avenir. » Cette sentence est sans appel, Monseigneur ; elle est passée en force de chose jugée.

V

Vous avez choisi pour péroraison un thème facile à la réplique. Vous avez évoqué ce mot historique : « Qu'avez-vous fait de la France ? »

Nous allons vous le dire, Monseigneur.

Le gouvernement impérial a refait de la France une des premières puissances de l'Europe, voilà pour l'ensemble ; nous déduirons tout à l'heure les détails. Il a rendu à notre pays sa gloire et sa prépondérance, il lui a reconquis l'estime du monde, il l'a fait respecter, il l'a fait craindre, toutes choses que les régimes précédents lui avaient fait perdre ou à peu près.

L'empereur Napoléon III, auteur de cette glorieuse régénérescence, calme et puissant dans son œuvre, ajoute chaque jour un nouveau relief à cette grandeur dont on voudrait vainement contester la vérité et l'éclat.

Il a grandi la France par les armes, pour des causes justes et légitimes. Par un privilége de race, il ne s'en est pas tenu à ce genre de gloire, et sa main s'est appliquée à répandre sur notre patrie des bienfaits que les grands esprits et les grands cœurs sont seuls en droit de dispenser. Le peuple qui éveille sa constante sollicitude, a reçu de son auguste initiative des preuves qui témoignent de l'humanité éclairée de ses aspirations. Il a donné la crèche et l'asile à l'enfant du peuple, aux artisans les Invalides du travail, aux pauvres il a assuré la sépulture durable ; il a fondé des caisses de retraite pour l'armée, le clergé, la vieillesse. Il a donné à l'agriculture la plus puissante impulsion ; il a fait disparaître la distance par la création de nombreux chemins de fer ouverts dans toutes les directions. Il a rendu au commerce l'animation et la confiance.

Ce qu'il a fait de la France? Il l'a faite grande, forte, prospère, vénérée. Il en a reculé les frontières en la dotant de provinces limitrophes dont l'esprit tout français donnera au pays des soutiens nouveaux dévoués et fidèles. Voilà ce qu'il a fait de cette France qu'il avait prise étiolée et sans éclat, marchant à la remorque de l'Europe, telle enfin que vous l'aviez laissée. Notre patrie est redevenue elle-même, c'est-à-dire *prima inter pares;* votre aïeul Louis XIV avait dit :

« Il ne sera plus désormais tiré un seul coup de canon
« en Europe sans la permission de la France ! »

Napoléon III peut dire : « Dans le monde entier ! »

FIN

www.ingramcontent.com/pod-product-compliance
Lightning Source LLC
Chambersburg PA
CBHW051341050726
47595CB00006B/2360